AF277274

Todos los libros de Linkgua Ediciones cuentan con modelos de Inteligencia Artificial entrenados por hispanistas. Pregúntale al chat de tu libro lo que desees acerca de la obra o su autor/a.

Para ebooks: Accede a nuestro modelo de IA a través de un enlace.

Para libros impresos: Escanea el código QR de la portada con tu dispositivo móvil.

Obtén análisis detallados de nuestros libros, resúmenes, respuestas a tus preguntas y accede a nuestras ediciones críticas generativas para una experiencia de lectura más enriquecedora.
La transparencia y el respeto hacia la autoría de las fuentes utilizadas son distintivos básicos de nuestro proyecto. Por ello, las respuestas ofrecen, mediante un sistema de citas, las fuentes con las que han sido elaboradas.

Francisco de Miranda

Proyecto de Constitución para las Colonias Hispano-Americanas

Barcelona 2025
Linkgua-ediciones.com

Créditos

Título original: Del Misisipí al Cabo de Hornos. Proyecto de Constitución para las Colonias Hispano-Americanas.

© 2025, Red ediciones S.L.

email: info@linkgua.com

Diseño de la colección: Michel Mallard.

ISBN rústica ilustrada: 978-84-9816-9102.
ISBN ebook: 978-84-9953-9485.

Sumario

Brevísima presentación

La vida

Francisco de Miranda (Caracas, 1750-España, 1816). Venezuela.

Hijo de Sebastián de Miranda, comerciante canario, y Francisca Antonia Rodríguez, caraqueña, nació el 28 de marzo de 1750.

Estuvo involucrado en la Revolución Francesa, la Independencia de los Estados Unidos, y la de Hispanoamérica.

Estudió en la Universidad de Caracas y fue uno de los hombres más cultos de su época. Tenía conocimientos de matemáticas y geografía y dominó el francés, el inglés, el latín y el griego. En 1781 combatió junto a tropas españolas, a favor de las fuerzas independentistas, en Pensacola (colonia inglesa en la Florida).

Poco después se fue al Reino Unido en busca de apoyo en su pretensión de independizar Hispanoamérica de España. También con ese propósito fue, en plena Revolución Francesa (1792), a París. En Londres vivió con su ama de llaves, la inglesa Sarah Andrews, con quien tuvo dos hijos.

Hacia 1805 viajó a Nueva York y en 1806 marchó en una expedición revolucionaria a Haití. Más tarde se dirigió al puerto de Ocumare, en Venezuela, donde fue derrotado por los españoles.

Miranda fue arrestado el 31 de julio de 1812 por un grupo de civiles y militares, encabezador por Simón Bolívar. En 1813 fue conducido a España, a la cárcel del arsenal de La Carraca (Andalucía) y murió allí el 14 de julio de 1816.

Del Misisipí al Cabo de Hornos[1]
Proyecto de Constitución para las Colonias Hispano-Americanas

1   Traducido del francés.

Del Territorio

El Estado que integrarán las Colonias hispanoamericanas tendrá los siguientes límites: en la parte norte, la línea que pase por el medio río Misisipí desde la desembocadura hasta la cabecera del mismo y partiendo de ella siguiendo la misma linea recta en dirección del oeste por el 45 de latitud septentrional hasta unirse con el mar Pacífico. Al oeste, el Océano Pacífico desde el punto arriba señalado hasta el Cabo de Hornos incluyendo las islas que se encuentran a diez grados de distancia de dicha costa. Al este, el Atlántico desde el Cabo de Hornos hasta el golfo de México y desde allí hasta la desembocadura del río Misisipí. No están comprendidas en estas demarcaciones Brasil y Guayana. Respecto de las islas ubicadas a lo largo de esta costa, ellas no formarán parte de este Estado, puesto que el ya bastante extenso continente ha de ser suficiente para una potencia meramente terrestre y agrícola. Sin embargo, y como excepción, se conservará la isla de Cuba en razón de que el puerto de La Habana es la llave del golfo de México.

De la Forma de Gobierno

Este debe ser mixto y similar al de la Gran Bretaña. Lo integrará un Poder ejecutivo representado por un *Inca* provisto del título de Emperador. Este será hereditario.

Cámara Alta

La integrarán senadores o Caciques designados por el Inca. Los cargos serán vitalicios, pero no hereditarios. Solo podrán ser excluidos de la Cámara por la autoridad de los Censores. La simple descalificación conllevará la exclusión de los mismos. Solo podrán reclutarse en la clase de los ciudadanos que hayan desempeñado honorablemente los primeros cargos del Imperio, como son las funciones de General, Almirante, Gran Juez en los Tribunales Supremos, Censor, Edil o cuestor. Se fijará el número de Senadores. Este siempre se mantendrá completo.

Cámara de los Comunes

Sería elegida por todos los ciudadanos del Imperio. Su número queda fijado. No devengarán dieta alguna. Ellos son reelegibles. Durante todo el período en que permanezcan investidos de esta Dignidad, su persona será inviolable, salvo en caso de delitos capitales. La duración de cada legislatura será de cinco años.

Del Poder Judicial

Sus miembros serán nombrados por el Inca y escogidos entre los ciudadanos de mayor distinción dentro del Cuerpo Judicial. Tales cargos serán vitalicios y solo podrán ser removidos de los mismos sus titulares bajo una acusación y mediante juicio por corrupción. Los sueldos de los Grandes Jueces y demás habrán de ser substanciales con el fin de ponerles mediante una holgada subsistencia, a cubierto de toda prevaricación. Sobre este particular las altas instancias tribunales de Inglaterra son un modelo.

Los Censores

Son en número de dos. Serán electos por el pueblo y ratificados por el lnca. La duración de sus Funciones será de cinco años. Serán reelegibles. Sus funciones consisten fundamentalmente en velar por la buena conducta de los Senadores a quienes pueden excluir del Senado por mera remoción, inscribiendo a tal efecto sus nombres en tablillas. También velarán por la moralidad de la juventud, en especial por las Instituciones y el Magisterio.

Los Ediles

Serán electos por un periodo de cinco años a través del Senado y aprobados por el Inca. Tendrán a su cargo todas las grandes vías del Imperio, los puertos, los canales, los monumentos públicos, las fiestas nacionales, etc. Procederán a la rendición de cuentas a fines de cada lustro ante la Cámara de los Comunes, acerca de todo lo concerniente a las sumas destinadas a los edificios públicos y ante el Senado cuando se trate de lo concerniente a edificaciones, monumentos y proyectos que hayan sido emprendidos y ejecutados.

Los Cuestores

Serán nombrados por la Cámara de los Comunes, por espacio de un lustro y aprobados por el Inca. Serán reelegibles. Sus funciones consistirán funda mentalmente en velar por la conducta de los depositarios del Tesoro del Estado, los guardabosques nacionales, los responsables de los resguardos aduanales, etc... En una palabra, velar por los intereses públicos en todo lo concerniente a las finanzas.

De la Confección de las Leyes

Se requiere la sanción de los tres poderes, al igual que en Inglaterra. Las leyes solo podrán ser reglamentarias, es decir, emanadas de la propia Constitución; ya que de encontrarse casualmente en contraposición con las leyes constitucionales del Estado, las mismas serían consideradas por todos los tribunales como nulas y sin efecto.

Pasos para rectificar una Ley Constitucional

Si las *dos terceras partes* de ambas cámaras estimasen conveniente modificar alguna ley constitucional, entonces el Inca estaría en la obligación de recurrir a los Jueces presidentes de las altas instancias tribunalicias de justicia y elevar a su consideración la propuesta, la cual sería sancionada por las dos terceras partes de ambas cámaras. De ser aprobada por las *tres cuartas partes* de los jueces, incluyendo al Inca con derecho a voto, la ley entra en vigencia y se modifica la Constitución. Si, *al revés*, las *dos terceras partes* de los jueces y el Inca presentan la sugerencia y si ésta resulta sancionada por las *tres cuartas partes* de ambas cámaras, entonces la ley entra en vigencia y se procede a la modificación de la Constitución. La reforma se opera sin que el cuerpo político entre en conmociones y riñas desgarradoras.

Libros a la carta

A la carta es un servicio especializado para
empresas,
librerías,
bibliotecas,
editoriales
y centros de enseñanza;
y permite confeccionar libros que, por su formato y concepción, sirven a los propósitos más específicos de estas instituciones.

Las empresas nos encargan ediciones personalizadas para marketing editorial o para regalos institucionales. Y los interesados solicitan, a título personal, ediciones antiguas, o no disponibles en el mercado; y las acompañan con notas y comentarios críticos.

Las ediciones tienen como apoyo un libro de estilo con todo tipo de referencias sobre los criterios de tratamiento tipográfico aplicados a nuestros libros que puede ser consultado en Linkgua-ediciones.com.

Linkgua edita por encargo diferentes versiones de una misma obra con distintos tratamientos ortotipográficos (actualizaciones de carácter divulgativo de un clásico, o versiones estrictamente fieles a la edición original de referencia).

Este servicio de ediciones a la carta le permitirá, si usted se dedica a la enseñanza, tener una forma de hacer pública su interpretación de un texto y, sobre una versión digitalizada «base», usted podrá introducir interpretaciones del texto fuente. Es un tópico que los profesores denuncien en clase los desmanes de una edición, o vayan comentando errores de interpretación de un texto y esta es una solución útil a esa necesidad del mundo académico.

Asimismo publicamos de manera sistemática, en un mismo catálogo, tesis doctorales y actas de congresos académicos, que son distribuidas a través de nuestra Web.

El servicio de «libros a la carta» funciona de dos formas.

1. Tenemos un fondo de libros digitalizados que usted puede personalizar en tiradas de al menos cinco ejemplares. Estas personalizaciones pueden ser de todo tipo: añadir notas de clase para uso de un grupo de estudiantes, introducir logos corporativos para uso con fines de marketing empresarial, etc. etc.

2. Buscamos libros descatalogados de otras editoriales y los reeditamos en tiradas cortas a petición de un cliente.

Printed in Poland
by Amazon Fulfillment
Poland Sp. z o.o., Wrocław

69305521R00021